DICAS PARA PALESTRANTES EM FORMAÇÃO

Superando limites

Claudio Ramirez

DICAS PARA PALESTRANTES EM FORMAÇÃO

Superando limites

EDITORA
IDEIAS&
LETRAS

1ª impressão

EDITORA IDEIAS& LETRAS

Avenida São Gabriel, 495
Conjunto 42 - 4º andar
Jardim Paulista – São Paulo/SP
Cep: 01435-001
Editorial: (11) 3862-4831
Televendas: 0800 777 6004
vendas@ideiaseletras.com.br
www.ideiaseletras.com.br

Dados Internacionais de Catalogação na Publicação (CIP) de acordo com o ISBD

R173d Ramirez, Claudio

Dicas para palestrantes em formação: superando limites / Claudio Ramirez. - São Paulo : Ideias & Letras, 2021.
104 p. ; 13,3cm x 21cm.

Inclui bibliografia.
ISBN: 978-65-87295-20-6

1. Autoajuda. 2. Autoconhecimento. 2. Superação. 3. Comunicação. I. Título.

2021-3920 CDD 158.1
CDU 159.947

Elaborado por Odilio Hilario Moreira Junior - CRB-8/9949
Índices para catálogo sistemático:
1. Autoajuda 158.1
2. Autoajuda 159.947

SUMÁRIO

PREFÁCIO

Nesta obra o leitor encontra informações inéditas e essenciais para tornar-se um palestrante.

Com mais de 28 anos como profissional da comunicação, depois de ter vencido a barreira de ser gago, vítima de *bullying* e todas as dificuldades de ser aceito pelas pessoas, o professor Claudio Ramirez, na contramão de muitos cursos e livros, quer fazer da oratória um universo no qual todos possam compartilhar e desfrutar dos benefícios de falar bem:

"*Quero que todos saibam que falar em público é uma arte que pode ser dominada por qualquer pessoa. Chega de medo, chega de perder oportunidades; quando falamos bem, nosso mundo se amplia e as oportunidades se multiplicam*".

De forma simples e clara, Ramirez exemplifica desde o momento da decisão de tornar-se um comunicador até todos os pontos do planejamento e execução de uma palestra, como métodos de controle emocional, de expressão vocal e gestual, do uso da tecnologia, do domínio da plateia, das falhas mais comuns, de como superar o medo de se apresentar, entre outros pontos relevantes a uma comunicação bem-sucedida.

Esta é, portanto, uma leitura de fácil entendimento e com exemplos práticos do dia a dia para quem quer construir uma vida mais comunicativa e tornar-se um orador, motivando pessoas a superar seus desafios para alcançar objetivos cada vez maiores.

NOTA DO AUTOR

Por muitos anos acreditei que a limitação imposta pela minha gagueira não me permitiria ser "normal". Pelo fato de ser gago desde os quatro anos, vivi em um mundo limitado pelas palavras e pela vergonha de ser julgado. Esse medo era real ao ponto de me fazer ficar oito anos, durante minha adolescência, em silêncio para não me expor e ser alvo de chacota pelos colegas. Acreditem, ninguém mais do que eu sabe o sofrimento que a falta de comunicação pode acarretar em nossas vidas, mas também ninguém mais do que eu sabe como o mundo se transforma quando se aprende a sutil arte de falar em público.

Este treinamento tem como intuito desmistificar os medos enfrentados por quem quer se expressar de forma clara e ser entendido por seu público/interlocutor, dando dicas e orientações para alcançar as necessidades específicas em cada realidade individual, como participar de reuniões, apresentar trabalhos, melhorar a comunicação, aumentar a autoestima e a autoconfiança, permitindo ao leitor vencer o medo de falar em público.

Intencionalmente, usei palavras, dicas e orientações claras e acessíveis, pois não me sinto confortável usando palavras técnicas, uma vez que estas, além de provocarem apresentações padronizadas e por vezes robotizadas, geram no aprendiz uma angústia desnecessária e prejudicial.

Com relação à condução das apresentações, é evidente que estudos do comportamento humano nos oferecem boas bases para termos reciprocidade com o público e atingirmos o propósito de nossas apresentações, entretanto, partindo do princípio da individualidade, não podemos garantir que as mesmas técnicas provoquem o mesmo resultado quando aplicadas por indivíduos diferentes.

Prepare-se: durante este treinamento você irá encontrar sua forma ideal de comunicação. Sua marca deve estar em tudo o que você faz e comunica, de forma a encantar quem escuta. Descobrir o seu potencial e aplicá-lo de forma correta e produtiva é transformador.

Se você não está disposto a encarar essa transformação, lembre-se de que o condutor deste treinamento é um palestrante, professor, escritor, pai de quatro filhos, e, principalmente, gago, que teve a vida transformada pela comunicação e que quer ajudar você a ser um excelente comunicador.

Lembre-se: *a mudança que você quer está na decisão que você não toma.*

1. FALAR É UMA ARTE

As dicas auxiliam em uma apresentação, mas não são o único motivo de sucesso. Outros fatores também são importantes e devem ser objeto de reflexão, e, dentre eles, a postura e o caráter certamente são fundamentais. Em outras palavras, a prática cotidiana e a coerência pessoal valorizam nosso discurso. As dicas poderão sempre nos apoiar, mas devem atuar em conjunto com nossas características e conduta.

Essa forma de conduzir não só as palestras, mas a própria vida, é de fato uma arte praticada e dominada por poucos, mas que está ao alcance de todos.

Durante muitos anos, muitos autores e instituições fizeram da comunicação um espectro fantasmagórico para assustar quem, por ventura, decidisse praticá-la. Não quero fazer acusações nem denegrir os propósitos, pois devemos considerar que a época e a realidade em que se encontravam eram outras, mas os autores e as instituições nos deixaram um legado de pesquisas e textos escritos que se aplicam e replicam até hoje sem que tenham sido questionados e/ou atualizados.

Glossofobia é o termo científico para quem tem medo de falar em público. Somado a este termo, que termina em *fobia*, pesquisas mostram que o medo de falar em público supera o medo da morte. O leitor desavisado pode ter a impressão de que sofre dessa fobia, mas se sentir limitado é, de certa forma, justificável. Claro que não podemos desprezar os verdadeiros casos de glossofobia: como afirma Carnegie (1999), o medo derrota mais pessoas do que qualquer outra coisa no mundo. Pressionadas pelo medo ou pelo pavor, a maioria das pessoas não acredita em suas qualidades de conseguir se comunicar e, assim, evita todas as oportunidades de falar diante de grandes grupos de pessoas (FROLDI; O'NEAL, 1998). De acordo com uma pesquisa realizada pelo jornal inglês *Sunday Times*, em 2015, com três mil pessoas no Reino Unido, 41% dos participantes afirmou ter medo de falar em público, e essa sensação ganha até mesmo do medo de ter de lidar com problemas financeiros, presente em 22% dos entrevistados, e do medo da morte, presente em 19%.

Notoriamente, toda exposição em público provoca, em algum nível, ansiedade e, por consequência, medo, mas é importante ressaltar que o medo é um forte aliado, pois é ele que nos faz ensaiar uma determinada apresentação para chegarmos perto da perfeição. Quando vemos um orador se apresentar, vemos o resultado final de um esforço que só o próprio orador poderia explicar, e, com o passar do tempo, o medo vai sendo dominado, embora nunca eliminado como aparenta ser. Falo em público há mais de 28 anos e toda vez que estou prestes a me apresentar tenho que dominar a ansiedade e o medo. Aprendi esse controle com a prática, e desconfio de quem diz que não sente nenhum grau de desconforto com o ato de falar em público. Acredite: a ansiedade e o medo estarão sempre presentes, mas podemos fazer bom uso deles.

Falar em público é relativamente simples. Não se assuste. Não quero dizer que é fácil, apenas que é simples na sua estrutura e que você não tem que ser o melhor, nem o mais perfeito, mas, sim, o melhor que você conseguir ser.

Eis aqui minha justificativa para o título deste capítulo, e, com ela, revelo a primeira grande dica deste livro: **personifique o personagem**.

Somos seres únicos, porém adaptáveis. Encontre um personagem que será ativado toda vez que for necessário falar em público. Não se trata de falsear a personalidade, como faz um ator quando se empresta ao personagem, mas de encontrar postura, voz, comportamentos, palavras, conteúdos e artifícios que enriqueçam a apresentação. Vamos tratar desse aspecto de profissionalizar a apresentação, e não de flexibilizar valores e/ou moral.

Para exemplificar, imagine que você terá uma reunião com o CEO de sua empresa, pois ele procura promover um funcionário a um cargo que acaba de vagar. Você certamente procuraria saber quais são as funções exercidas, o descritivo do cargo, a personalidade do entrevistador, dentre inúmeras variáveis, e tentaria se aproximar ao máximo das características exigidas. Ou, quem sabe, ao fazer sua pesquisa, você descubra que o cargo em questão não está de acordo com seus princípios e valores. Veja que fazemos adaptações o tempo todo nas mais diferentes áreas, só não podemos trair nossos valores e princípios, pois se assim fizermos, corremos dois grandes riscos: 1) mudarmos o foco do nosso público-alvo; e 2) cairmos em descrédito.

No início da minha carreira como palestrante tive duas grandes tentações: 1) imitar outros palestrantes renomados; e 2) tentar esconder o fato de ser gago. Nem é preciso dizer que foi um desastre. Mesmo assim, quando estou no aconchego do meu lar, não sou o profissional que sobe no palco para palestrar.

1ª atividade

Escreva em um papel a data e, no fim, a sua assinatura.

Seja o mais detalhista possível. Evite devaneios ou palavras vazias e não se preocupe em ser coerente, inteligente ou criativo. Vá escrevendo conforme as ideias forem surgindo; você pode desenvolver seu texto com sentenças coesas em um parágrafo ou utilizar tópicos.

1. Por que decidiu fazer este treinamento?
2. Quais são as suas expectativas?
3. Você está verdadeiramente comprometido?
4. Quais conhecimentos, habilidades, competências e comportamentos deseja aprimorar?

Então, vamos à pratica. Reúna algumas pessoas e, baseado nas respostas acima, faça uma breve apresentação. Depois, peça uma avaliação de seus ouvintes, mas procure diversificar o seu público. Se puder, filme para depois fazer uma autoavaliação, mas não se compare com ninguém, nem se coloque como vítima. Seja realista e foque no que deve ser melhorado.

Obs.: Não siga adiante até realizar esta 1ª atividade. É importante saber por que você está ou deveria estar se esforçando. Desculpe ser direto e claro, mas se você não tem interesse em se esforçar, pare agora e não prossiga, pois este treinamento não é para você.

Não esqueça de escrever suas respostas; essa é uma forma de comprometimento.

2. O FOCO CONTROLA O MEDO

Um dos maiores erros na comunicação é a falta de foco. Quem escuta termina sem saber o que aconteceu; em alguns casos, nem sabe dizer qual tema foi abordado. Isso cria um desconforto na plateia, que logo dá sinais de desagrado, o que acaba com a apresentação. Por outro lado, o orador que perde o foco e não sabe voltar ao tema é tomado por ansiedade, o que pode levar ao fim da apresentação.

A tragédia acima pode ser evitada se o orador tomar algumas precauções que podem definir o sucesso de sua apresentação. Neste capítulo nos concentraremos no foco, e, para isso, começaremos com perguntas que antecedem a fala ao público e fazem parte do planejamento estratégico:

- Quais são os temas com os quais quero trabalhar nas minhas apresentações?

Esses temas podem ser diversos, desde que se tenha conhecimento ou que se saiba que será necessário estudar muito. Se as informações não apresentarem um dos seguintes requisitos, não arrisque, pois há grande possibilidade de fracasso:

1) A informação tem que ser relevante ou solucionar algum problema;

2) Se não encontrar informações relevantes, a apresentação tem que ser, no mínimo, criativa.

- Qual será meu público-alvo?

Quais pessoas, incluindo sua idade, religião, grau de escolaridade ou qualquer característica que defina o nicho referente aos temas que vou oferecer no meu portfólio de apresentações.

- Que tipo de efeito espero causar na plateia?
- Que tipo de mudança quero provocar nas pessoas?
- Quero melhorar negócios e estruturas?
- Quero aumentar a produtividade?

Repare que as perguntas podem ser inúmeras, dependendo dos objetivos a serem alcançados, mas é muito importante fazer perguntas que seu público-alvo faria para poder traçar um bom plano de apresentação.

Um erro muito comum é o orador achar que todos da plateia compartilham do mesmo ponto de vista ou dos mesmos conhecimentos. Por isso, sempre que houver uma nomenclatura ou um conceito novo, lembre-se de deixar claro a que se refere para que os conhecimentos estejam alinhados.

2ª atividade

Você terá que se vender como um produto. Pense nos seus diferenciais competitivos e busque convencer as pessoas de que você é um bom produto. Imagine que no auditório existem grandes empresários procurando novos talentos.

Finalize pedindo um *feedback* aos participantes, ouça com atenção e, se puder, filme para uma autoavaliação.

3. CREDIBILIDADE E CONFIANÇA

Credibilidade e confiança são conceitos muito próximos, mas quero dividi-los para explicar melhor. Para isso, vamos ligar credibilidade a conhecimento e confiança a comportamento.

As experiências de vida e de aprendizado traçam nosso caráter e nos auxiliam nas apresentações. O conhecimento aliado a uma boa formação cultural, ética e moral certamente impulsiona nossa credibilidade.

Ganhamos confiança quando confiam em nossa postura pessoal, ou seja, quando há coerência entre o que falamos e o que fazemos. Nesse caso não vale a máxima "faça o que eu falo, mas não faça o que eu faço", pois isso faz do orador um simples repetidor de palavras.

Fatores que influenciam diretamente na credibilidade:

- **Naturalidade:** comportamentos coerentes com a fala e as características do orador. Nunca agir de forma forçada ou artificial;
- **Emoção:** quando o orador mostra estar verdadeiramente envolvido com o tema;

- **Conhecimento:** com argumentos fortes baseados em fatos e experiências, o orador mostra segurança no assunto;
- **Exemplo em conduta:** transparência e coerência com a vida e os valores do orador;
- **Transferir poder:** este é um ponto muito importante. O orador deve convidar a plateia a se colocar no lugar prático de sua fala dentro da realidade de cada um, por exemplo: quando conto minha história de superação da gagueira, termino perguntando de forma retórica “quais são as gagueiras da sua vida que precisam ser superadas?”, e esse princípio pode ser aplicado em qualquer situação. Essa dica permite que a plateia se conecte ao palestrante.

Quando o orador consegue transitar de forma coerente por esses recursos, ele ganha a possibilidade de criar uma conexão com sua plateia e, com isso, desfrutar das próprias palavras e ganhar credibilidade e confiança.

4. A FALA

Quando se fala em oratória, temos a impressão de que nos referimos exclusivamente ao ato de falar, quando, na verdade, a fala é apenas um dos recursos da oratória. Também podemos apontar a expressão corporal, os equipamentos tecnológicos, a preparação do ambiente, o público-alvo, a linguagem adequada, as vestimentas, assim como outros recursos que abordaremos adiante.

Saber explorar de forma adequada o recurso da fala é muito importante, pois por meio dela e de suas nuances podemos destacar informações e impactar a audiência. Com a fala podemos demostrar preocupação, nervosismo, tranquilidade, convicção, tristeza, alegria e uma infinidade de outros sentimentos.

Lembre-se: *sua voz é sua identidade sonora.*

4.1. Volume

Este é um fator de grande relevância na apresentação. O volume da voz deve ser controlado e não deve ser usado em seus extremos – muito baixo ou muito alto –, pois isso pode causar danos à comunicação. Aqui estão alguns desses danos:

- Falar baixo o tempo todo demostra medo e insegurança e pode significar para a plateia falta de conhecimento no assunto;
- Falar alto o tempo inteiro mostra arrogância e grosseria, e incomoda a plateia;
- Falar sempre no mesmo tom traz monotonia e sono, e faz a plateia se desconectar do orador.

É importante oscilar a voz conforme a necessidade, dando maior ou menor intensidade e volume à fala.

Quando desejar provocar reflexão, a fala deve ser mais pausada e desacelerada e a voz, mais grave.

Use o silêncio a seu favor para criar suspense e expectativa e enfatizar perguntas retóricas. Isso faz o auditório fixar-se no que vai vir e atentar-se ao orador.

Nas partes da fala que são menos relevantes pode-se acelerar a fala, o que pode causar o efeito de curiosidade na plateia.

Em algumas ocasiões, falar em voz alta pode significar emoção e envolvimento, mas tome cuidado para não cansar seu ouvinte.

Todas as variantes da voz devem ir de encontro aos objetivos da fala e ser relativamente naturais ao orador para que a apresentação não seja robotizada, previsível ou monótona. Criar uma conexão com a plateia é fundamental.

4.2. Ritmo

Se falar rapidamente é uma característica sua, procure adotar alguns procedimentos:

- Pronuncie bem as palavras;
- Busque desenvolver o hábito de repetir as palavras e dar ênfase às que queira marcar como mais importantes;
- Faça pausas entre uma fala e outra. Ao fim de cada tópico, espere para começar outro;
- Evite exageros: lembre-se de que falas aceleradas mostram ansiedade e amadorismo.

Entretanto, se você fala lentamente, procure:

- Olhar, durante a explanação, para as pessoas e para o ambiente sem se fixar por longos períodos de tempo em uma única pessoa;
- Dar ênfase às primeiras palavras de cada tópico, mostrando envolvimento e conhecimento do assunto.

4.3. Entonação

Você já presenciou situações em que a entonação de uma frase dita por uma pessoa demonstrou claramente o aspecto emocional dela?

A maneira de falar ou entoar uma frase pode ser o caminho do sucesso ou do fracasso. Como destacamos, a entonação de uma palavra pode mudar o sentido de toda a frase. Vejamos estes exemplos de como a entonação altera o significado:

- Você está atrasado hoje. (Afirmação)
- Você está atrasado hoje? (Pergunta)
- Você está atrasado hoje. (Acusação)
- Você está atrasado hoje! (Surpresa)

Para ter sucesso na entonação, veja estas dicas:

- Pronuncie a palavra com maior ou menor entonação. Quando fazemos isso, destacamos a palavra;
- Pronuncie pausadamente as sílabas da palavra que deseja destacar;
- Faça uma pequena pausa antes e outra depois da palavra que deseja destacar de forma natural;
- Durante as pausas é importante continuar olhando para o público e não mostrar artificialismo.

4.4. Sotaque

O sotaque pode distrair a atenção da plateia, e, em alguns casos, fazer com que ela passe a prestar mais atenção no sotaque do que no conteúdo. Nesses casos, o orador deve ter consciência, pois pode ter dificuldades em entender que é ele mesmo que tem que se fazer entender, e não a plateia que tem que se esforçar para entendê-lo.

Deve-se falar pausadamente e prestar atenção às reações do seu público, pois elas possibilitam ter uma ideia se a plateia está entendendo ou não. Faça uma introdução para que a plateia sincronize os ouvidos à sua forma de falar e não vá direto ao ponto. Adiante veremos a sequência de uma apresentação.

5. IMPACTO DA COMUNICAÇÃO

Sei que sou um pouco cético com pesquisas, principalmente quando não informam a metodologia usada, mas a pesquisa que vou mostrar a seguir tem bases científicas e tenho confirmado pessoalmente sua aplicabilidade. Ela se refere às porcentagens percebidas como produzidoras de impacto na comunicação (MEHRABIAN, 1971):

7% Palavras / 38% Entonação / 55% Não verbal

Parece estranho que as palavras tenham uma importância tão baixa no contexto da comunicação, embora o conteúdo seja a ferramenta de foco para cativar o público-alvo.

As pessoas podem sair de uma palestra de duas formas: a primeira é comentando o "quanto o palestrante sabe!", mostrando admiração pela figura do palestrante, e a segunda é dizendo "quanto aprendi nesta palestra!", mostrando admiração pela capacidade comunicativa do palestrante. Nesse ponto, você deve se perguntar: **de que forma desejo que minha plateia saia de minhas apresentações?**

Nessa perspectiva, as palavras são de extrema importância, mas a forma de transmitir o conteúdo se sobrepõe às palavras utilizadas. Por esse motivo, a entonação e os aspectos não verbais apoiam e sustentam a mensagem, na forma e na intensidade propostas pelo orador.

6. FORMAL OU INFORMAL

Formal ou informal também podem ser, respectivamente, adequado ou inadequado ou, ainda, vulgar ou fino. Toda apresentação tem um grau de risco se o orador não tomar cuidado ou deixar-se inebriar pelo seu ego e achar que domina totalmente as palavras e suas formas de uso.

Por outro lado, quando o orador está inseguro pode querer preencher os espaços com conteúdo desnecessário, correndo o grande risco de cometer gafes irreparáveis. Quem nunca ouviu uma colocação imprópria ou piadinha de mau gosto dita por alguém que não percebeu o ambiente em que se encontrava? Isso ocorre frequentemente em confraternizações de empresas, nas quais alguns funcionários confundem o ambiente e seus colegas de trabalho com suas casas e parentes próximos.

Para usar uma figura de linguagem, posso vestir palavras de terno ou de calças *jeans*, dependendo do ambiente em que me encontro, mas não posso usá-las nuas e cruas, pois certamente, ao expor as palavras sem seus trajes adequados, o orador é o primeiro a se expor.

7. BOM HUMOR, PIADAS E IRONIAS

Nunca, jamais pode-se confundir essas três ferramentas que, se bem aplicadas, trazem resultados formidáveis.

Bom humor está relacionado com postura agradável, simpatia e leveza de espírito, e não exclui a possibilidade de uma sutil piada revestida de conteúdo adicional. A piada solta e desprovida de conteúdo deve ser deixada para os humoristas que não têm outro compromisso a não ser o entretenimento. Claro que entreter faz parte da estratégia, mas não é "a estratégia" por princípio.

Piadas e ironias estão na corda bamba: se souber manter o equilíbrio, a plateia admira e não descola o olhar à espera da próxima palavra, mas se perder o equilíbrio, te derrubam e humilham, transformando olhares de admiração em desprezo.

Sempre defendi, defendo e uso essas três ferramentas. Devo confessar que já cometi algumas gafes, mas de alguma forma consegui superar. Portanto, cabe a cada orador determinar suas adequações e inadequações para saber medir os riscos e controlá-los.

Lembro-me de que quando estava iniciando na carreira de palestrante tinha a tendência a ser engraçado e contei uma piada cuja figura central era uma senhora gorda. Assim que terminei a piada, uma senhora com as características que mencionei se levantou do meio da plateia e saiu. Foi um momento de tensão que me desnorteou de forma muito clara. Com muito custo, consegui continuar, atrapalhado e sem graça, e senti muita vergonha pela minha atitude idiota.

8. VOCABULÁRIO

O vocabulário é a sua personalidade transformada em palavras: um amplo vocabulário permite ao orador uma gama de possibilidades e respostas, firmando sua marca e reforçando sua personalidade.

Provavelmente você já viu alguém ou, quem sabe, já passou por uma situação em que queria se expressar melhor, mas não encontrou as palavras certas para aquela ocasião. Pode ser um pequeno esquecimento momentâneo, o que é perfeitamente normal, mas pode piorar a situação quando fica evidente que seu vocabulário é restrito a uma certa quantia de palavras com as quais você se virou até hoje, mas que são insuficientes se você quiser crescer.

Como aumentar o vocabulário? A resposta é rápida: leitura. Não há grandes oradores com poucas palavras. Se você não for um bom leitor, provavelmente não será um bom orador.

Não estou dizendo que é imprescindível falar de forma rebuscada ou complicada para ser admirado, mas que mais palavras permitem adequar a fala e aumentar o impacto que elas causam.

Quando usar uma palavra incomum ao seu público, deve-se, na sequência, explicar seu significado, e quando seu público for heterogêneo (diversificado), seja simples, não simplista.

Termos técnicos ou americanizados

Parece redundante se você está acostumado com vocabulários técnicos, pois eles se associam à sua personalidade e são usados de forma automática, mas certifique-se de que sua audiência esteja familiarizada com o mesmo vocabulário.

A mesma ideia se aplica a jargões e expressões de determinados grupos.

Palavrões e gírias

Falta de educação é sempre falta de educação, portanto, nunca, jamais diga um palavrão.

Vou reformular a frase: o palavrão, quando contextualizado, pode ser uma grande ferramenta de comunicação.

Só o palavrão de forma isolada é ofensivo e inaceitável.

Enfim, estou tentando definir o indefinível. Todas as frases acima podem ser verdadeiras, mas depende de como e onde são utilizadas e qual é a intenção de uso.

O risco é grande. Há pessoas que transformam palavras amargas em doces, e palavras doces em amargas.

Avalie a necessidade de uso, mas nunca use de forma apelativa, e lembre-se: *você é aquilo que comunica.*

Com relação à gíria, só utilize se tiver intimidade com as palavras e se a plateia for adequada. Você corre o risco de ficar ridículo e forçado, e se tiver mais de cinquenta anos pode piorar, pois pode soar como um velho ridículo e forçado. Pessoalmente, tenho mais medo das gírias do que dos palavrões.

9. ARGUMENTAÇÃO

Existe um processo de argumentação que pode ser usado em casos de discórdia sem provocar atritos ou inconveniências em três passos a serem mencionados.

Antes, porém, saliento a importância da opinião formada e do posicionamento de quem apresenta. Se a opinião for expressa no início da argumentação, há uma tendência a ser encerrada em apresentações de argumentações contrárias sem progressos, criando divergências.

Então, vamos às dicas de argumentação adequada:

1º Apresentar uma evidência (exemplo e/ou pesquisas);

2º Explicar a evidência;

3º Emitir opinião (posicionamento do orador).

Exemplificando: o tema a ser debatido é: "quem dirige melhor, o homem ou a mulher?".

Certamente você já tem sua opinião formada, e teve a forte tendência de querer dar uma resposta rápida, a qual, caso não seja bem argumentada, fará com que os lados opostos apenas debatam suas opiniões, não levando a lugar algum.

9.1 Argumentação a favor das mulheres

Na semana passada renovei o seguro do meu carro e o da minha esposa, sendo eu o condutor principal do meu veículo, e ela, do dela. O dela, mesmo sendo um carro mais caro, ficou mais barato (apresentação de evidências).

Liguei para o corretor e ele me explicou que uma pesquisa mostra que as mulheres são mais cuidadosas e se envolvem menos em acidentes e, por esse motivo, o seguro é mais barato (expliquei a evidência).

Portanto, baseado nessas evidências, fica claro que as mulheres dirigem melhor que os homens (emiti minha opinião e me posicionei).

9.2 Argumentação a favor dos homens

A última edição da revista *Estradas e Pistas* mostra que o mundo da velocidade é fortemente dominado pelos homens devido à rápida resposta dos seus reflexos e da resposta muscular masculina (apresentação de evidências).

Baseado em uma pesquisa científica que mediu as sinapses cerebrais e o tempo de resposta muscular, em comparação às sinapses e à resposta muscular femininas, as dos homens são de 1/3 a 1/5 mais rápidas, produzindo melhores motoristas de velocidade (expliquei a evidência).

Baseado nessa pesquisa e em seus resultados, fica claro que os homens dirigem melhor que as mulheres (emiti minha opinião e me posicionei).

Claro que o outro lado pode rebater com evidências mais fortes, mas essa fórmula é para conseguir argumentar e não para matar a discussão com base em opiniões pessoais ou sem embasamento.

E o que fazer com aqueles que insistem em apenas ouvir a própria voz? A resposta é: não perca tempo. Você tem coisas mais úteis a fazer.

3ª atividade

Encontre pessoas que queiram compartilhar dessa metodologia de argumentação e faça uma sadia disputa argumentativa. Coloque uma regra de tempo, pesquise e treine incansavelmente.

Sugestões de temas:

- Pena de morte;
- Prisão perpétua;
- Diminuição da maioridade penal;
- Divórcio;
- Uso de celular nas escolas, etc.

10. VÍCIOS DE LINGUAGEM

A convivência com as pessoas nos permite uma certa intimidade e acabamos usando uma linguagem menos formal e vocabulários restritos àquele grupo ao qual pertencemos, e isso, junto a uma certa despreocupação, pode trazer alguns vícios de linguagem que são aceitos por quem convive conosco, mas que, quando estamos em outros ambientes, podem limitar nossa comunicação.

Lembre-se: *mudando o ambiente, altera-se a forma do discurso.*

De forma geral, alguns vícios podem ocorrer por falta de controle emocional, falta de conhecimento ou mesmo por medo. Podemos repetir muitas palavras ou sílabas, estender letras, fazer sons para preencher espaços por receio do silêncio, entre outros, e os vícios ainda podem provocar movimentos e gesticulações indesejados ou tiques involuntários. Isso pode dar à plateia a sensação de insegurança, falta de domínio ou mesmo medo.

Alguns exemplos:

- Ééééé... ãããããã;
- Está claro?;
- Entendeu?;

- Tá!;
- Na verdade;
- Né?;
- Enfim...;
- Hummmm!;
- Tiques diversos (movimentos involuntários);

A seguir, confira alguns vícios de linguagem disponíveis para consulta no *site Norma Culta* em artigo de autoria de Flávia Neves:

10.1. Barbarismo

Erros de pronúncia, acentuação, ortografia, flexão e significação são considerados barbarismo.

Erros de pronúncia:

- Pograma (correto = programa);
- Reintero (correto = reitero);
- Beneficiente (correto = beneficente);

Erros de acentuação:

- Rúbrica (correto = rubrica);
- Gratuíto (correto = gratuito);

Erros de ortografia:

- Mecher (correto = mexer);
- Quizeram (correto = quiseram);
- Geito (correto = jeito);

Erros de flexão:

- Deteu (correto = deteve);
- Proporam (correto = propuseram);
- Cidadões (correto = cidadãos);

Erros de significação:

- Meus comprimentos (correto = meus cumprimentos);
- O acento da bicicleta (correto = o assento da bicicleta).

10.2. Solecismo

Erros de sintaxe (concordância, regência e colocação pronominal) são considerados solecismo.

Erros de concordância:

- A gente vamos (correto = a gente vai);
- Fazem dois dias (correto = faz dois dias);
- Haviam muitas vagas (correto = havia muitas vagas);

Erros de regência:

- Chegamos no colégio (correto = chegamos ao colégio);

- Sempre obedeci meu pai (correto = sempre obedeci ao meu pai);
- Vamos na praia (correto = vamos à praia);

Erros de colocação pronominal:

- Não enganei-me (correto = não me enganei);
- Foi ela que chamou-me (correto = foi ela que me chamou);
- Compraremos-te um carro (correto = comprar-te-emos um carro).

10.3. Pleonasmo vicioso ou redundância

Ocorre pleonasmo vicioso ou redundância quando há uma repetição de ideias desnecessária para a transmissão do conteúdo da frase.

Exemplos:

- Vamos entrar para dentro;
- Vamos adiar para depois;
- Vamos encarar de frente.

10.4. Ambiguidade ou anfibologia

Nas frases sem clareza ou com duplo sentido ocorre ambiguidade ou anfibologia.

Exemplos:

- A professora levou o aluno para sua sala (de quem é a sala?);
- Paula conversou com Helena sobre seu trabalho (de quem é o trabalho?);
- A cachorra da sua prima é mal-humorada (a prima é uma cachorra ou tem uma cachorra?).

10.5. Cacofonia ou cacófato

Ocorre cacofonia ou cacófato quando a pronúncia de palavras seguidas produz um som desagradável ou sugere outra palavra menos apropriada.

Exemplos:

- Eu beijei a boca dela;
- Eu não vi ela;
- Me dá uma mão.

10.6. Vulgarismo

O uso de expressões que não se enquadram no padrão culto é considerado vulgarismo.

Vulgarismo fonético:

- Vamo brincá? (correto = vamos brincar?);
- Brincadera boba! (correto = brincadeira boba!);
- Põe mais sau, por favor (correto = põe mais sal, por favor).

Vulgarismo morfológico e sintático:

- Custa cinco real! (correto = custa cinco reais!);
- Os menino vem aí (correto = os meninos vêm aí);
- Eu vi ele na rua (correto = eu o vi na rua).[1]

Nos manuais de gramática podem ser encontrados esses exemplos e muitos outros. Vale a pena estudar.

1 Todos os exemplos deste capítulo são de autoria de Flávia Neves, presentes no artigo "Vícios de linguagem" no *site Norma culta*. Disponível em: https://www.normaculta.com.br/vicios-de-linguagem/. Acesso em: 25 ago. 2019.

11. VER, OUVIR E SER OUVIDO

"A força da comunicação é sustentada pelo processo de audição, saber conquistar a audiência é sempre mais importante que as palavras."

Um erro comum é acreditar que falar de forma fluente e eloquente é suficiente para ser um comunicador, mas não se engane: os maiores erros são cometidos ao se partir dessa premissa.

Veremos algumas falhas cometidas tanto por quem fala (emissor) como por quem ouve (receptor). Não quero ser pessimista, mas saber das falhas e não as cometer equivale a reforçar os acertos.

11.1. Falhas de comunicação por parte do emissor

- **Falta de clareza:** está muito ligada à falta de objetividade. Tentar explicar algo simples de forma muito rebuscada ou com palavras de uso incomum tende a criar desinteresse ao invés de admiração. Não quero dizer que deve-se nivelar as palavras por baixo, mas caso use alguma palavra ou gesto restrito a poucos, é necessário explicar ou contextualizar rapidamente antes que a plateia perca o interesse;

- **Comunicação múltipla:** seu eixo (tema) central deve sustentar toda a sua exposição, mesmo que tenha que usar exemplos ilustrativos ou similares. Tome cuidado para não confundir ou desviar-se do tema. De uma forma geral, isso acontece quando damos explicações excessivas. A plateia pode se cansar ou se sentir desvalorizada, e depois é muito difícil recuperar a linha de pensamento inicial sem deixar a sensação de vazio. Com relação à forma de exposição, deve-se, sempre que possível, utilizar recursos tecnológicos, mas não se esqueça de que estes são apenas apoios (trataremos melhor deles no capítulo "Uso da tecnologia"). Certa vez participei de uma palestra em que o palestrante dominava vários recursos com maestria, mas utilizou tantos ao mesmo tempo que era difícil saber em que prestar atenção;
- **Codificação:** prepare-se para vários públicos e tente sempre se aproximar dos códigos por eles usados. Por exemplo: a abordagem a ser utilizada para um grupo de jovens da sua igreja é muito diferente da utilizada para um grupo de médicos. Não me refiro a deixar de lado valores para agradar o ouvinte, mas sim de ajustar tanto a linguagem quanto a forma de apresentação para cada público de forma a ser entendido.

Aproveito para dar um alerta: um mesmo conteúdo, abordado de forma diferente, pode causar constrangimentos, como aconteceria se um tema, como controle de natalidade, por exemplo, fosse abordado com um grupo de médicos ou com um de jovens. Também tome muito cuidado com palavras e/ou expressões de duplo sentido ou interpretação;

- **Bloqueio emocional:** nenhum ser humano dito "normal" possui 100% de seu controle emocional, muito menos quando está exposto diante de uma plateia (e isso não depende do número de espectadores).

  A emoção faz parte do contexto e deve ser bem usada, desde que possa ser mantida sob controle. Não podemos enfocar temas emotivos sem demonstrar traços de envolvimento, sejam estes choro, indignação, raiva, dentre outros. É importante que todos sintam seu comprometimento, mas este não pode impedir que a palestra continue ou até mesmo que impacte de forma negativa a plateia. Lembre-se sempre de que o espectador pode não concordar com suas ideias e de que ele tem esse direito, e de que nem sempre seu poder de persuasão será bem-sucedido;
- **Hábitos de locução:** com o passar do tempo construímos hábitos que acabam sendo incorporados em nossa comunicação, mas o problema é que nem sempre esses hábitos são adequados no geral ou adequados em alguns locais com características especiais.

Por exemplo: terminar as frases com um "entendeu?". No meu caso, por ser professor, posso aplicar essa expressão sem grandes problemas em sala de aula, mas quando estou com uma plateia, o mesmo "entendeu?" repetidas vezes pode ser interpretado como desconsideração intelectual ou motivo de dispersão.

Não se sinta escravo das palavras. Não preencha o silêncio com "né", "tá?", "enfim", "ééé", "ãããã", "ok", "na verdade", entre outras expressões com as quais possa estar habituado. A repetição desse tipo de expressão geralmente é interpretada como tique e enfraquece a apresentação. De forma geral, o público se distrai com facilidade e a repetição leva ao cansaço, que estimula a distração. Contudo, não quero dizer que esses enunciados nunca possam ser usados, apenas que é preciso ter cautela para que não se tornem repetitivos.

Além disso, tome especial cuidado com o gerundismo ("estarei mostrando", "estarei confirmando", "estarei respondendo" etc.). Aqui a dica é colocar o verbo principal no infinitivo: "vou mostrar", "vou confirmar", "vou responder";

- **Suposições**: uma falha muito comum é pressupor que quem escuta tem o mesmo nível de conhecimento de quem fala sobre o assunto abordado. Por isso, é importante conhecer ou reconhecer a plateia. Esse equívoco pode ser evitado por meio dos contatos que antecedem à contratação dos seus serviços: busque entender quem assistirá à palestra ou apresentação, quais os hábitos mais comuns desse grupo e qual o nível intelectual do seu público (falaremos mais sobre isso no capítulo "Plateia").

Uma pressuposição incorreta pode levar a um dos piores resultados em palestras ou apresentações, em que o público sai sem entender (por falta de repertório do próprio público) ou sai achando que foi uma simples perda de tempo (pois não teve nenhuma informação nova ou relevante). Em ambos os casos, a repercussão (*feedback*) será péssima e permanente.

11.2. Falhas de comunicação por parte do receptor

- **Audição seletiva:** quando se afirma que as pessoas só ouvem aquilo que lhes interessa, podemos dizer que é quase uma verdade absoluta. Portanto, cabe ao comunicador encontrar meios de tornar sua fala atrativa tanto no conteúdo como na forma.

  É raro encontrar quem saiba ouvir de forma interessada apenas pelo exercício de ouvir ou por educação;

- **Desinteresse:** a urgência de tudo, a correria do dia a dia, entre outros motivos, forçam uma seleção de interesses geralmente imediatistas e superficiais.

No meu ponto de vista, este é o principal inimigo do comunicador: o conformismo da mediocridade. Quebrar essa barreira é uma missão que assumimos quando escolhemos ser palestrantes (comunicadores).

Não chegamos ainda ao capítulo "Plateia", mas vou exemplificar com uma experiência que acredito ilustrar bem alguns desses pontos. Fui contratado por uma entidade religiosa para desenvolver, em um encontro de dois dias, o tema "família". Em um primeiro momento, tendo como foco os aspectos sociais e, depois, religiosos, dediquei alguns dias à preparação, pesquisa, confecção de *slides*, escolha de músicas e dinâmicas etc.; eu sabia que o público era composto por frequentadores de classe média alta, tradicionalistas e, por histórico, muito críticos.

No fim da confecção dos meus *slides*, decidi aplicar a todos o tema anunciado e motivador do encontro, que era "Semana da Família". Escrevi esse título no primeiro e depois copiei nos outros *slides* (veremos mais detalhes sobre como construir *slides* no capítulo "Uso da tecnologia"). Na ansiedade de terminar, não reparei que a palavra "família" tinha sido escrita "familía", com um erro gramatical de acentuação, e, como foi copiado e colado, aparecia de forma errada em toda a apresentação. Eu, porém, não percebi, e, na correria, não dei o conteúdo para minha esposa revisar, como geralmente faço. Ignorando meu próprio erro e livre da culpa, ministrei uma palestra perceptivelmente excelente, levando em conta a participação ativa da plateia (em torno de trezentas pessoas). O envolvimento e as reações me deram um *feedback* extremamente positivo, apesar de uma senhora não mostrar o mesmo comportamento. Pelo contrário: fez questão de que eu percebesse seu desagrado. Mas como de fato não podemos agradar a todos, não me abalei, apenas fiquei atento.

No fim, recebi aplausos calorosos, assobios, abraços, troca de cartões de visita para novos contatos e, principalmente, o brilho nos olhares que me davam a certeza de que tinha realizado um bom trabalho e dado o melhor de mim. Enquanto guardava os equipamentos pessoais, a senhora se aproximou e, com um olhar enfurecido e falando em voz alta, própria de quem lecionou durante toda uma vida, disse: *"O senhor pensa que sabe tudo, mas não sabe, não! Aplausos e abraços não são merecidos por quem assassina o português"*. Eu pedi desculpas e justifiquei dizendo que, como tinha explicado, eu era gago. *"Não se trata disso. O senhor escreveu 'familía'."* Foi quando percebi o erro e voltei a me desculpar, mostrando-me agradecido pela correção, e, na sequência, perguntei: "*Mas acredito que a senhora também ouviu ou viu algo que tenha chamado sua atenção de forma mais positiva*", ao que ela respondeu: "*Não consegui ver ou ouvir nada após ter sido apunhalada pelo seu gravíssimo erro de português*".

Ela só teve olhos e ouvidos para aquilo que era do seu interesse e não conseguiu sair de sua zona de conforto. Talvez esse seja um caso extremo, mas aprendi muito e sinto muito por não ter conseguido ensinar nada àquela senhora, embora outras mais de duzentas pessoas tenham conseguido entender o recado.

12. PILOTO AUTOMÁTICO

A própria expressão "piloto automático" já revela um orador que fala sempre as mesmas coisas, e isso, do mesmo jeito, pode acontecer depois de algumas apresentações, pois o orador acredita já ter ultrapassado a insegurança e acaba caindo em uma fala monótona para ele próprio, o que é facilmente percebido pela plateia, que se desconecta.

Você já deve ter visto vendedores e/ou atendentes de *fast-food* oferecerem algum produto olhando para o lado e repetindo uma fala treinada, sem nenhum vínculo com você ou suas necessidades. Quem escuta um orador que está no piloto automático tem a mesma sensação. Outras situações que podem oferecer riscos ainda maiores de desconexão do público ocorrem quando o orador carece de criatividade e clareza, ou quando ele não procura se atualizar e passa a repetir dados que não se aplicam mais.

Quando vou me apresentar, mesmo em temas que já apresentei diversas vezes, reviso os *slides* e o conteúdo da apresentação no dia anterior e vejo se é possível contextualizar algum fato recente para que a plateia sinta conectividade com a fala e com o momento vivido. Isso demonstra um orador preocupado em transmitir conteúdos atualizados e dá credibilidade à sua fala.

13. A PLATEIA (PÚBLICO-ALVO)

De uma forma geral, o público é reagente ao orador e ao ambiente preparado. Por isso, não podemos falar do público como um elemento isolado: tudo, absolutamente tudo, pode vir a influenciá-lo.

Um atraso de mais de 15 minutos, no Brasil, é considerado como falha ou falta de organização. O público começa a ficar incomodado quando não recebe nenhuma explicação sobre o atraso, mesmo sabendo que as explicações não o justificam. Mesmo assim, o palestrante mostra respeito e preocupação com a plateia. Por isso, não dê explicações longas, nem técnicas, pois elas só irritam.

Problemas com projeção, microfone, ar-condicionado, entre outros, podem acontecer. Sempre faça um pré-teste e nunca deixe para última hora. Um momento que me marcou ocorreu quando fui convidado para encerrar o ano de uma grande transportadora. O evento aconteceu em uma fazenda muito bem equipada e certamente teve um alto custo. Por ser distante, pedi aos organizadores para verificar uma lista de coisas, entre elas o ar-condicionado, pois era uma cidade muito quente. No dia não pude chegar com uma hora de antecedência e levei alguns instantes para me apresentar aos acionistas e donos da transportadora. Faltando 15 minutos para o início da apresentação, todos foram chamados ao auditório e o ar-condicionado foi ligado. Porém, devido ao local ser uma fazenda, o ambiente estava com uma certa quantidade de pó acumulado dentro do ar-condicionado, o que provocou uma forte alergia em mim e em alguns participantes. Tivemos que nos retirar até ser possível retomarmos a respiração, o que demorou 45 minutos e provocou atraso total no cronograma. Além de tudo isso, a palestra seria antes do almoço e, como houve atraso, no meio da apresentação o cheiro de churrasco invadiu o auditório. Nem preciso detalhar o que aconteceu em seguida. Nenhum dos acontecimentos estava programado, muito menos estava sob meu controle, mas certamente a avaliação final da minha apresentação feita pelo público foi fortemente impactada de forma negativa.

Contei essa história para explicar que, mesmo você sendo o palestrante contratado e tendo que receber as condições exigidas, nem tudo está sob seu controle. Tudo pode afetar sua apresentação, pois o público, de forma impensada, vincula tudo ao palestrante.

Outro fato comum na plateia é o personagem que quer desafiar o palestrante: por algum motivo ele fantasia que o palestrante está recebendo uma pequena fortuna e fica desapontado por não ter sido ele o convidado a falar. Por inúmeras questões que não cabem neste texto, o ouvinte fica esperando o momento certo de fazer uma pergunta, de participar ou de tomar conta do espaço. Ele ainda cita algum livro desconhecido como fonte e pergunta se o palestrante já o leu, olhando de forma debochada para os colegas. Nesse caso, agradeça a participação e diga que gostaria de receber um *e-mail* mencionando o livro citado e seu autor para que depois possa apreciá-lo. Isso acalma o participante e encerra sua fala.

Enfim, fique tranquilo. Por melhor que seja sua palestra, sempre haverá alguém na plateia que não se importa, e pior, que tenta chamar a atenção, seja rindo alto de forma exagerada, dormindo ou fazendo gestos de desprezo. Não se deixe influenciar por esses tipos isolados: continue e não se fixe neles. Se tentarem influenciar diretamente sua apresentação de forma negativa, use seu poder de palco e peça para que se retirem. As pessoas gostam de pessoas com autoridade e firmeza e certamente ajudarão a reforçar seu pedido com gestos e palavras. Cenas como essa costumam acontecer com maior frequência entre estudantes de ensino médio e faculdade.

Use sempre os 3Rs:

- Respeito pelo próximo;
- Respeito por si mesmo;
- Responsabilidade pelas suas ações.

Lembre-se: *quem está no palco é o elemento dominante. Não seja grosseiro, mas firme. É sua reputação que está em jogo.*

14. CONTROLE EMOCIONAL (ENTRANDO EM PALCO)

Volto a afirmar: quem diz que não sente um friozinho na barriga antes de entrar no palco ou mente ou não respeita sua profissão. Claro que no começo é mais do que um friozinho, e isso é normal. Só vira um problema quando você é dominado pelo medo e ele se transforma em pânico.

Por esse motivo incluí este capitulo. Vamos desmistificar o medo. Pensemos juntos nas seguintes perguntas:

- Você tem medo de ser julgado?
- Você tem necessidade de aceitação?
- Você tem medo de "dar um branco"?

Esses são sempre os motivos apontados pelos meus alunos. Se você respondeu sim para uma ou todas as perguntas, parabéns: você é um ser normal. Para todas essas inseguranças existem dicas que partem dos seguintes questionamentos:

- Se você se aproximasse do seu melhor, importaria ser julgado?

- Se sua autoestima fosse alta, importaria a aceitação alheia?
- Se você dominasse o assunto, diminuiria o medo de "dar brancos"?

Como você pode perceber, não importa quantas objeções negativas sua mente é capaz de construir: há sempre uma contraposição positiva para combater a negativa, e isso depende sempre do esforço que você escolhe empregar na resolução de seus anseios. Quero dizer que **não há desafio que não possa ser vencido por quem se prepara**. Claro que, se você chegou até aqui, devo acreditar que está pronto para se esforçar, e o desafio é entre você e o melhor que você pode ser, nunca contra o melhor do outro.

Aqui vai meu testemunho: sou brasileiro naturalizado, tenho sotaque forte e sou gago. Encontrei meu jeito de ser orador sem imitar ninguém, e conto minha história em todo começo de palestra para ser aceito, pois quando você explica, o público aceita. Claro que não conto em tom de derrota, mas em tom de superação. Isso me ajuda na aproximação com meu público: as pessoas gostam de ouvir pessoas fortes e decididas, não superiores ou arrogantes, mas com firmeza em si e orgulhosas de serem aquilo que seu potencial lhes permite ser.

Lembre-se: *encontre seu personagem, seu jeito, sua personalidade e desfrute.*

Antes de entrar em palco, executo três passos:

- No dia que antecede a palestra, reviso os *slides* e faço ajustes quando necessário;
- Vinte minutos antes, faço um exercício de concentração mental (repassar a palestra mentalmente) e exercícios de respiração e relaxamento;
- Prestes a entrar, enquanto estou sendo anunciado, lembro-me de algum fato agradável e marcante e revivo esse momento. O cérebro automaticamente entra no mesmo estágio do momento lembrado. Claro que é preciso manter a concentração, pois sair desse estado mental é tão fácil como entrar.

Eu, por exemplo, lembro de ouvir os passos do meu pai se aproximando do meu berço quando eu chorava. Ele me pegava no colo e cantava uma canção de ninar e depois me colocava de volta.

15. EXPRESSÃO CORPORAL E GESTICULAÇÃO

Como já vimos anteriormente, os elementos não verbais são responsáveis por 55% da comunicação. Portanto, as expressões do corpo e do rosto são de vital importância para uma exposição bem-sucedida.

Depois de anos de estudo e apresentações, peço desculpas aos "especialistas", mas como falei no início do livro, procuro desmistificar os fantasmas criados na oratória. Concordo plenamente com a relevância dada à expressão não verbal, no entanto, discordo piamente dos materiais produzidos, carregados de uma longa lista de "não pode pôr as mãos nos bolsos", "não pode cruzar os dedos", "não pode flexionar os joelhos", "não pode chorar", "não pode gargalhar", "não pode levantar o queixo", "não pode usar tênis", "não pode andar", "não pode respirar", entre tantos outros "nãos". Como dominar uma situação em que nada é permitido?

Quando comecei a falar em público fui alvo de gozação pelo fato de gaguejar. Podem imaginar a quantidade de piadinhas e desmoralizações que tive que enfrentar para ser hoje um profissional da comunicação. Portanto, dentro da humildade das minhas limitações e do alto da minha experiência, quero te libertar do "não pode" e abrir seu caminho para o "sim, pode": "pode pôr as mãos nos bolsos", "pode dobrar os joelhos", "pode cruzar os dedos", "pode chorar", "pode gargalhar", "pode gaguejar". Se estiver dentro do contexto adequado, pode.

É evidente que a fala, a mensagem, os movimentos e a gesticulação devem estar em harmonia. Dificilmente alguém que diz estar feliz tem a voz baixa, olha para os pés, mantém os braços cruzados e a cabeça oscilando em movimentos de negação, porque esses gestos não transmitem felicidade. Da mesma forma, dificilmente alguém que está em pé e cruza e descruza sucessivamente as pernas, esfrega as mãos com vigor, fala olhando para o teto e roda o tronco de forma repetitiva transmitirá segurança.

A gesticulação não se trata de movimentos desconexos. Pelo contrário: os movimentos devem contar a mesma história que as palavras. Quando falo de futuro, aponto para frente; quando falo de passado, para trás; quando falo de uma ideia, aponto para a cabeça; quando falo de força, abro os braços; quando falo de cansaço, curvo a coluna e flexiono os joelhos; quando falo de morte, me abraço e olho para o peito. Desta forma, meu corpo acompanha, reforça e ilustra o que as palavras estão desenhando nas mentes da minha audiência.

Nesse sentido, um curso de oratória pode proporcionar a pessoas comprometidas um maior entendimento sobre a comunicação assertiva. Você também pode treinar com pessoas de confiança e pedir um *feedback* do que viram, ouviram e sentiram: um olhar de fora, comprometido, pode fazer grande diferença nas nossas percepções e ajudar a transmitir mais claramente nossas ideias. Indico o livro *O corpo fala*, de Pierre Weil e Roland Tompakow, e, para quem puder, indico aulas de teatro, nunca com a intenção de imitar ou de robotizar trejeitos, mas de encontrar artifícios e ferramentas para o desenvolvimento de seus próprios gestos.

A postura corporal e facial deve ser treinada tanto quanto ou ainda mais que a própria fala, pois haverá momentos em que as expressões do seu corpo e rosto substituirão a fala. Treine no espelho e/ou filme-se fazendo poses e gestos com o intuito profissional de aumentar a credibilidade. Nunca ridicularize sua postura, pois isso não aumenta sua credibilidade; pelo contrário, fragiliza sua imagem.

Neste momento remeto-lhe ao que já falei anteriormente: quão comprometido você está com o esforço necessário para tornar-se orador? Se não for o máximo que puder, abandone esta ideia, pois posso te dar todas as dicas e mostrar muitos exemplos, mas não posso aumentar em nada o comprometimento que só você pode ter.

16. IMPROVISO

Quando você começa a falar em público, as pessoas, em diversas ocasiões, têm a tendência de te chamar de última hora para proferir algumas palavras. Se alguém tem que falar alguma coisa, logo olham para você como salvador da pátria, e, sem pedir, vão evocando seu nome e passando a palavra e o microfone.

Como sou palestrante, de forma geral, sou imediatamente chamado para falar em reuniões de pais, formações de professores, formaturas, encontros religiosos ou até mesmo em encontros familiares, então deixarei mais uma dica valiosa: conte histórias.

Desde os primórdios da civilização os homens se reúnem para contar histórias. Há um certo fascínio em contá-las e ouvi-las. Por isso, tenha algumas histórias na manga para poder usar em momentos oportunos. Além disso, algumas frases de impacto e trechos de poemas costumam ser muito úteis, e se o autor for citado, melhor ainda: você transfere um pouco do prestígio do autor para sua fala.

Uma fala de improviso deve ser direta e curta e deve passar força e segurança. Volto a repetir: você pode estar gritando por dentro, mas sua postura e semblante não devem transmitir insegurança, o que requer treino e dedicação.

Por exemplo: a renomada instituição onde por seis anos ministrei o curso "Como falar em público" sediou, em certa ocasião, um grande encontro pedagógico que reuniu professores de cinco unidades da região. Naquele momento, eu estava apenas participando como professor. Transcorrido um longo e cansativo dia, chega, enfim, a esperada hora do encerramento, momento tenso em que todos esperam para sair correndo para seus carros e retornar às suas cidades, ato natural de pessoas cansadas, pois a última coisa que queriam era ouvir mais alguém. Porém, a pessoa que estava encarregada de fazer as cortesias da casa e fechar as apresentações do dia me encontrou com os olhos e disse ao microfone: "para fechar com chave de ouro, chamo ao palco nosso orador oficial e, assim, inspirados por suas palavras, voltaremos para casa. Ramirez, venha nos inspirar". Quando suspeitei que iria ser chamado, comecei a acessar meus arquivos mentais tentando encontrar algo coerente com a ocasião, e finalmente achei. Fiz cara de seguro e calmo, subi ao palco e fui direto: "recorro à poetisa mineira Adélia Prado: 'Nunca nada está morto. O que não parece vivo aduba. O que parece estático espera'". E encerrei dizendo: "talvez aquele aluno que não se mostra, que não produz o esperado, que não atende às nossas expectativas esteja à espera de que um de nós possa adubar sua vida e lhe dar esperanças de uma vida melhor e plena. Lembrem-se: nunca nada está morto". Aplausos e lágrimas foram o resultado de, no máximo, três minutos de fala. Em outras ocasiões você pode fazer uso de histórias mais longas: esse equilíbrio é dado pela percepção do orador ao interpretar o momento em que se encontra.

Quero, com esse exemplo, demostrar que um orador deve estar sempre pronto, e que, muitas vezes, as pessoas projetam em nós aquilo que elas gostariam de ser. Na reunião seguinte, faltei de forma estratégia, pois sabia que seria chamado outra vez, e quis ressaltar minha presença, evidenciando-a com minha ausência. Como resultado, recebi *e-mails* dizendo que sentiram minha falta, o que reforçou minha marca. E se você pensou "que jogada de mestre!", não foi, não: eu apenas não pude ir.

4ª atividade

Em roda, uma pessoa começa uma história e para de contar no momento em que desejar, deixando para o outro dar continuidade.

Podemos usar um objeto, que será passado ao próximo que falará, seguindo ou não a sequência.

Algumas regras a serem seguidas: 1) não devolva a vez a quem te passou; 2) não destrua a sequência da história de forma intencional; 3) ninguém deve ser criticado em momento algum; e 4) a última pessoa tem que encerrar de forma lógica.

17. USO DA TECNOLOGIA, MICROFONE E OUTROS RECURSOS

17.1. *Slides*

Um dos pontos de apoio para o orador são as tecnologias, mas é importante considerar que a apresentação não deve ter como foco principal o uso dessas ferramentas: o foco é o palestrante. Já presenciei inúmeras vezes a tecnologia falhar e deixar o palestrante desesperado e sem rumo, pois todo o conteúdo se encontrava nos *slides*. Aí cabe uma pergunta que certamente a plateia se faz: se todo o conteúdo estava nos *slides*, porque não foi enviado por *e-mail*?

Hoje existem vários programas de apresentação, porém o mais popular ainda é o PowerPoint. Eu aconselho este, pois, dependendo do local da apresentação, não há outros programas instalados, e caso não for usar o seu próprio *notebook*, isso será um problema. Além disso, nunca use a última versão do programa, pois nem todos os locais o terão atualizado. Veja que a lógica é tentar facilitar a apresentação. Porém, se você for um perito em tecnologia e puder pessoalmente solucionar problemas, fique à vontade para preparar sua apresentação.

Leve os arquivos em pelo menos dois meios de armazenamento (seu *notebook* e um *pen drive*, por exemplo), para se precaver. Além disso, o arquivo pode estar na nuvem, mas isso depende do acesso à internet. Se tiver arquivos vinculados (vídeos e músicas), na hora de salvar, salve como "apresentação para PowerPoint": isso vinculará os arquivos à apresentação. Enfim, essas são as dicas básicas para iniciantes. Meu conselho é que você se familiarize com essa ferramenta e não tenha receio de explorar as possibilidades.

Importante:

Como mencionado anteriormente, os *slides* não devem concorrer com o palestrante, nem em conteúdo, nem em animações. Evite trazer textos longos e exagerar nas movimentações de elementos: faça *slides* simples contendo o título, uma ou duas figuras de referência e, se for necessário, algumas palavras-chaves para facilitar a memorização. Tome cuidado com o tamanho, o tipo de fonte e as cores das letras para que fiquem legíveis e não camuflem o conteúdo, pois algumas projeções não são tão nítidas como a tela do computador. Acredito que tenha ficado claro que a função dessa ferramenta de apresentação é dar apoio e manter uma sequência programada.

Tem palestrantes que dispensam a projeção e mesmo assim são excelentes comunicadores. Eu devo confessar que, sempre que posso, faço uso de projeção, pois isso me mantém na programação, já que há frases e conteúdos que devem ser usados no momento adequado para impactar a plateia.

17.2. Microfones

São inúmeras as possibilidades, com inúmeras qualidades de captação: sem fio, com fio, de lapela, auricular. Já trabalhei com vários, mas prefiro o microfone manual sem fio, pois há um domínio da distância, principalmente na hora de um pigarro ou tosse inesperados. Já quando há a participação do público, você pode teatralmente apontar para a plateia, incentivando a participação. Mais uma vez, veja que você pode decidir qual ferramenta usar a partir das particularidades de cada uma.

É necessário usar microfone? Se quiser preservar a voz, sim. Eu uso o seguinte parâmetro: em auditórios quadrados, com capacidade para até sessenta pessoas, não uso a não ser que haja alguma fonte de barulho externo, como uma quadra, uma construção etc. Se o formato do auditório for mais longo ou mais largo, sempre uso, pois o desgaste da voz é uma realidade. Se houver apresentações em dias seguidos corre-se o risco de não ter voz no dia seguinte, e, acredite, o contratante não tem nada a ver com isso, pois foi você que não cuidou do seu instrumento de trabalho, o que seria o equivalente a um caminhoneiro não cuidar do seu caminhão.

Por esses motivos, não negligencie nada. Na contratação, deixe claro os recursos necessários e quem é o responsável pelo fornecimento.

Aproveito para esclarecer que o local também é um recurso: ele tem que ser limpo, arejado, com acomodações para todos e, se possível, ter ar-condicionado. Uma plateia desrespeitada não respeitará o palestrante, e é provável que o contratante te culpe para esconder a própria falha.

Para ilustrar: uma vez fui contratado para uma SIPAT (Semana Interna de Prevenção de Acidentes de Trabalho). Meu foco era dar uma palestra motivacional em uma indústria de artefatos plásticos. Nas minhas recomendações de equipamento para o contratante solicitei projetor, microfone e caixa de som, pois ia palestrar para aproximadamente cinquenta pessoas. A minha ideia era que o local seria apropriado, mas, ao chegar, me deparei com um espaço minúsculo, sem cadeiras e ao lado da área de produção, que permaneceria com as máquinas ligadas, pois a empresa estava com um atraso nas entregas. Quando perguntei pelas cadeiras, achando que seriam colocadas, a resposta foi "não se preocupe, eles sentam no chão mesmo". Não tive outra opção a não ser me retirar e depois entrar em contato com o proprietário, que pediu desculpas e marcou uma nova data.

18. NA ONDA DA INTERNET

Após o capítulo anterior, é pertinente falar sobre as novas tendências de tornar *on-line* palestras e eventos, um movimento natural que vinha sendo desenhado e adiado por motivos diversos. Um dos principais motivos é o econômico, já que eventos e palestras são capazes de movimentar profissionais de eventos, transporte e logística, restaurantes, hotéis, equipamentos, entre outros. Somado a isso, há ainda uma insegurança dos profissionais em adaptar-se, além do receio de perder mercado para o poder de multiplicação e alcance que a internet oferece.

Entretanto, no ano de 2020, a pandemia de COVID-19 trouxe mudanças repentinas em todas as esferas. No mundo de eventos e palestras, ela provocou um corte repentino: todos os eventos e palestras foram imediatamente cancelados; agendas cheias, contratos em andamento, processos de treinamentos, todos incisivamente cortados. Foi um momento atônito de espera com características de luto.

As agências e os palestrantes que por acaso já tinham alguns produtos *on-line* timidamente começaram a trabalhar com certa discrição, esperando que tudo voltasse ao "normal" em pouco tempo. Mas isso não aconteceu, e, de repente, como em um *tsunami*, a internet foi invadida por cursos, palestras e treinamentos *on-line* que, na sua maioria, usam os mesmos artifícios de *marketing*, como títulos sensacionalistas do tipo "quatro aulas gratuitas que irão transformar sua vida". Esses artifícios são usados como atrativo para oferecer, posteriormente, cursos ou produtos completos, sempre ressaltando o lado emocional para aturdir o cliente, que se confunde com outros personagens que prometem revelar os segredos para enriquecer apenas usando a internet. Não quero com isso acusar ninguém. Acho que, de certa forma, é um movimento legítimo de quem está mudando de forma abrupta e entrando em um mercado pouco usado para essa finalidade. O que víamos anteriormente eram palestras, ou trechos delas (principalmente no YouTube), para atrair clientes presenciais. Claro que a Educação a Distância (EaD) tem uma trajetória muito mais longa, mas engatinhava em comparação a treinamentos e palestras.

Enfim, esse é o sintoma que enfrentamos até o mercado se reposicionar. Já vemos alguns resultados positivos, como inúmeras plataformas que oferecem tanto agenciamento de palestrantes como hospedagens e logística para cursos e palestras. Basta uma rápida pesquisa na internet para verificar como essas plataformas crescem e se consolidam como uma boa opção. A lógica é bem simples: se você faz ou produz algo que solucione um problema ou ajude as pessoas, essa ajuda pode se tornar um produto, basta optar pela plataforma que mais se adequa às características dele. O ilimitado alcance da internet torna o meio digital um bom caminho para quem souber produzir conteúdo, e pode ter certeza: essa mídia veio para ficar e já não é mais uma tendência, mas uma realidade.

Quando me perguntaram se os palestrantes estavam com os dias contados, minha resposta foi: "estamos passando por um momento de adaptação e, como tudo na natureza, aquele que se adaptar com maior facilidade e velocidade colherá melhores resultados"; isto é, o próprio mercado se encarregará de separar os bons dos maus profissionais. Neste momento em que a internet aceita "tudo", podemos ver alguns "picaretas" tentando surfar na onda de novos palestrantes, mas por pouco tempo. Claro que, por causa deles, os bons profissionais podem sofrer alguns arranhões, mas tenho certeza de que, assim como na internet, o mercado expurgará em pouco tempo os maus profissionais.

Quanto a palestras e treinamentos presenciais, estes são insubstituíveis, e, assim que for possível, tanto palestras quanto treinamentos e eventos retornarão com força redobrada. O período de ausência será provocador de um movimento positivo oposto; a procura por palestrantes acarretará o maior *boom* da história no ramo, e não tenho a menor dúvida disso. Temos que nos preparar para a onda que chegará.

Espero ter deixado claro que agora há dois caminhos (presencial e *on-line*) que se somam. Portanto, o trabalho é dobrado: enquanto nas palestras presenciais temos um público que nos orienta minuto a minuto com seus *feedbacks*, o que nos ajuda a adequar conteúdos e formas para alcançar bons resultados, nas palestras *on-line* ou gravadas não temos o *feedback* imediato. Essas são duas realidades que, a partir de agora, fazem parte de forma medular do mundo dos palestrantes, ambas com pontos positivos e negativos, vantagens e desvantagens.

Minha trajetória como palestrante sempre se baseou em eventos presenciais, mas a pandemia me permitiu iniciar no mundo *on-line* e participar de *lives* e videoconferências. No período em que escrevo este livro, estou gravando um curso de oratória e liderança, uma experiência extremamente enriquecedora, em um formato que exige novas habilidades e competências. Até então, como a maioria dos palestrantes, restringia-me a vídeos no YouTube; no entanto, as duas modalidades contribuem uma com a outra, provocando um movimento de melhoria contínua pelo qual todo orador precisa passar. Mudamos com o tempo, com as circunstâncias, com as tecnologias, e, por isso, não podemos parar de aprender, pois o mundo muda todos os dias e, assim, todos os dias temos que mudar para continuar nossa trajetória. É assustador e, ao mesmo tempo, desafiador de uma forma motivacional.

Não sou nenhum guru e nem tenho essa pretensão, assim como também não quero transmitir um positivismo ilusório ou irreal. O mercado não se recuperará da noite para o dia, mas tenho certeza de que voltaremos às atividades com força total.

*****

Vou contar uma história: havia uma pequena onda que brincava feliz no mar. Quando se aproximou da praia, viu que as ondas se jogavam na areia e se desmanchavam. Ela ficou com medo e não quis ir para a praia. Uma outra onda maior se aproximou e perguntou: "ficou com medo?". A onda menor respondeu: "sim. Eu não quero morrer na praia". A onda grande lhe explicou: "você não entendeu. Você faz parte do mar e pertence a ele, portanto sempre emergirá como uma nova onda".

Assim é a nossa vida: ficamos com medo de morrer na praia. Por isso, muitas vezes não nadamos o suficiente por não saber que fomos feitos por amor e que somos e pertencemos ao amor. Não importa quantas vezes nos joguemos na areia da praia: sempre emergiremos. Já me arrebentei algumas vezes nas rochas do mar em busca dos meus sonhos e emergi palestrante. Não permita que o medo de tentar seja maior do que os seus sonhos.

19. COMO ORGANIZAR UMA PALESTRA

Uma palestra começa com a escolha do tema. Se este estiver dentro dos temas que você domina, está meio caminho andado. Porém, caso tenha sido solicitado algo com o qual você ainda não trabalhou, peça um tempo suficiente para pesquisa e estudo. Se estiver muito longe da sua área de conhecimento, simplesmente agradeça e recuse, pois é melhor recusar a fazer algo mal feito. Porém, acredite que, se o tempo de preparação for suficiente, a recusa raramente é uma opção, e, depois de algum tempo, quando sua marca for reconhecida, você só será solicitado na sua área de excelência.

Se o tema foi definido e a palestra será em, por exemplo, 45 dias, há tempo para estudos e pesquisa. Por isso, faça uma coleta de dados e não se esqueça de consultar e guardar as fontes. Depois, filtre as informações coletadas, faça um recorte e foque nele. Não tente falar sobre tudo em uma única palestra: seja específico e avise ao público das especificidades que você abordará sobre o tema. Assim, todos sabem o que esperar.

Próximo passo: depois da pesquisa e do filtro aplicados, vamos organizá-los em fases de sequência lógica.

Com isso, já é possível ter uma base para a construção dos *slides*. Nesse processo, todo o estudo e a fixação do conteúdo se dão naturalmente, mas ainda falta a construção dos *slides*, que pode ser iniciada logo em seguida. Não se feche a alterações durante o processo: uma apresentação sofre mudanças em todas as fases, principalmente nos ensaios, quando são percebidas as inadequações. Estas, porém, nos enriquecem ao ponto de fazer com que no dia da apresentação tudo já esteja pronto. Por isso, nunca cometa o erro de deixar para se preparar na última hora: isso certamente acabará com sua apresentação. Neste momento faz sentido recordar que, se você não está a fim de se esforçar, você está lendo o livro errado.

Verifique se é necessário vincular alguma música ou vídeo que possa enriquecer a apresentação, mas apenas se isso for acrescentar algo positivo. Caso contrário, pode parecer enrolação.

Tudo pronto. Chegou o dia esperado. Você está para ser anunciado para assumir o palco!

Vou dar algumas dicas de uma sequência que pode ser aplicada:

- A próxima pessoa a subir ao palco é ....

  (Elabore uma pequena apresentação com a forma como gostaria de ser anunciado e envie para seus contratantes e/ou cerimonial do evento);

Vamos iniciar: você foi chamado (palmas).

- **"Ainda bem que sou eu":** repita mentalmente esta frase ou, se puder, até em voz alta. Isso despertará emoções em quem ouvir e sustentará as palmas. Se não houver palmas (porque o apresentador foi ineficaz) você mesmo pode pedir de forma leve e simpática. Isso já vai criando um ambiente propício de simpatia e empatia;
- **Levante-se:** não correndo, nem desesperadamente, mas com vigor e convicção. Isso provoca confiança em si e em quem está assistindo;
- **Mostre-se:** uma vez no palco ou no lugar determinado, não comece falando: crie expectativa. Por alguns segundos, caminhe e se permita ser visto. Sorria e olhe com carinho para as pessoas: isso vai criando um clima de atenção. Uma ou duas vezes finja iniciar a palestra e termine com um sorriso. Isso surtirá muito efeito;
- **Agradeça:** finalmente, quando sua boca produzir palavras, que sejam de sincero agradecimento e sobre a expectativa que você tinha para esse dia. Exemplo: "muito, muito obrigado pela forma como me acolhem. Acreditem: apenas pessoas especiais são capazes de um ato de doação tão generoso por um estranho, que, espero, seja-lhes íntimo ao término deste breve encontro. No intelectual e na vontade de

crescer a cada dia, vou deixar um pouco de mim em cada um, e sou mais feliz, pois levarei um pouco de cada um de vocês. Prometo guardá-los no meu coração para que, quando nos encontrarmos novamente, desfrutemos juntos e possamos dizer 'eu te conheço, como irmãos que somos', e, por isso, derramo meu coração sem receio, pois sei que sairemos fortalecidos deste encontro. A todos um bom dia/boa tarde/noite". Depois de uma entrada dessas, as pessoas vão querer saber mais, pois se sentiram importantes e percebidas;

- **Filosofe:** mais um momento de suspense. Mesmo que já tenha sido amplamente divulgado o tema da palestra, este só se torna válido quando anunciado pelo palestrante, então temos mais uma oportunidade de criar expectativa e atenção. Não vá direto ao ponto. Diga que o tema que será abordado naquele momento está sendo muito divulgado e que é importante falar e entender sobre ele, que somos agentes de mudança quando assumimos nosso papel, e assim por diante. Não tenha pressa, mas também não canse as pessoas. Assim que perceber que a plateia está pronta para ouvir com atenção, anuncie o tema com grande ênfase, faça uma leve pausa, criando expectativas, e diga "O tema de hoje é (tema x)";

- **Vá ao ponto:** agora, por fim, você poderá se referir claramente ao tema. Repare que toda a preparação mostrou profissionalismo e que só um amador ou criança vai direto ao ponto. Para prosseguir com sua apresentação, um bom orador cria espaço e clima adequados.

Tente encontrar alguma história ou situação que possa ser usada como base para ilustrar sua fala (se for possível), pois histórias e metáforas ajudam na compreensão prática do tema. O tempo aproximado que deve ser dedicado ao tema proposto gira em torno de 50% de toda a apresentação. Isso dá a seus interlocutores a oportunidade de prestar mais atenção à sua fala, além de criar um vínculo com a plateia, em vez levá-la à exaustão ou ao devaneio, pois estes são inimigos poderosos e dificilmente se consegue um engajamento intenso pela segunda vez.

A estratégia usada para apresentar o tema será aquela que melhor se adaptar à sua personalidade, mas é fundamental que ela seja executada de forma crescente: vá se revelando aos poucos para manter a atenção. Nesse momento, podem ser usados vídeos e músicas e, se fizer sentido no contexto, utilize algumas frases de impacto e revelações.

Sempre termine a apresentação do tema da forma mais impactante que puder;

- **Encerre:** este encerramento não é da palestra, mas do tema. Avise a plateia que falta pouco. Eu costumo dizer que faltam cinco minutos e, mesmo que esse tempo seja ultrapassado, os ouvintes entram em estado de aceitação.

  Nesse momento se faz um rápido resumo dos pontos principais da fala. Depois, pode-se abrir espaço para perguntas ou realizar uma dinâmica que envolva a plateia. Essa dinâmica não precisa estar necessariamente dentro do tema: ela apenas visa provocar bem-estar e uma sensação de prazer em seus interlocutores, o que ajuda muito na percepção positiva da palestra;
- **Agradeça:** agora a plateia sente, de fato, que chegou ao fim. Assim como na entrada, mas utilizando a metade do tempo, pois as pessoas estão impacientes (por melhor que tenha sido a palestra), termine com energia dizendo que espera encontrá-las em breve, e que quem quiser pode se sentir à vontade para entrar em contato pelo *e-mail*, *site* ou outros meios, e que você responderá assim que for possível (não se preocupe: em uma plateia de cem pessoas apenas duas ou três mandam alguma mensagem).

  Se o público agradecer com palmas, aceite de forma humilde, mas com orgulho de ter feito um bom papel. Saia de forma confiante: dê dois passos para trás e só depois se vire para sair.

Não se frustre se não tiver palmas. Tente decifrar o público, pois ele pode ser imaturo ou apático. Ou, em outros casos, o encerramento pode não ter ficado claro, ou até mesmo o horário pode ter atrapalhado, mas o principal é que você aja de forma madura. Não se alimente de palmas: o ego não é um bom conselheiro;

- **Contatos:** se você apresentou *slides*, coloque neles os seus contatos. Avise que deixará essa informação com os organizadores ou, ainda, peça para alguém ficar na porta de saída entregando um *folder*. Se os contatos não estiverem nos *slides,* dificilmente alguém fará alguma anotação;

Avisos: alguns locais não têm mestre de cerimônia ou organizador, o que acaba gerando a tendência de pedir ao orador para passar os recados. Vou ser claro: não, nunca faça isso. Isso vai enfraquecer todo o seu esforço. Uma vez dei uma palestra em um retiro de jovens antes do almoço e os organizadores queriam que eu avisasse que serviriam macarrão com almôndegas. Eu me neguei de forma agradável e simpática.

5ª atividade

Chegou a hora de mostrar que você está no caminho certo.

Prepare uma palestra de meia hora. Para isso, procure um tema de sua excelência e que as pessoas tenham interesse em ouvir. Convide pessoas (de dez a vinte) e ofereça esse presente. Não esqueça de filmar para uma avaliação posterior. Vivencie tudo que vimos e aprendemos aqui e não se preocupe em ser perfeito: acredite, a perfeição nunca chega, pois apenas Deus é perfeito. Desejo sucesso.

20. PARA FINALIZAR

Você deve ter percebido que o dia a dia de um palestrante não é só *glamour* e aplausos, mas está recheado de nuances e situações que devemos estar preparados para enfrentar. Nestas breves linhas está apenas uma parte do que acredito ser a base para o trabalho de todo palestrante. É evidente que não conseguiremos esgotar um tema tão amplo, e tenho certeza de que, se você chegou até aqui, é por que está empenhado e comprometido em trabalhar e se tornar um palestrante. Mantenha o foco, estude, treine, não perca oportunidades de falar em grupos e observe as reações que sua fala produz nas pessoas: esses itens são o melhor parâmetro para usar.

Última dica de valor: nunca mais você falará de graça. Cada vez que for convidado para falar, tenha um preço realista e ajuste se precisar. Não se trata de exploração, mas de valorização do seu esforço. Não aceite observações como "é só uma fala curtinha!" ou "são x reais por uma hora!". Quando eu era interpelado dessa forma, minha resposta era "são x reais por cinco ou dez anos de experiência". **Você não vende alface: vende conhecimento.**

Muitos usarão o argumento de que na plateia estarão presentes pessoas com muito potencial para futuras contratações. Eu já caí nessa. No início, posso te garantir que nunca deu certo. Se quiser manter um trabalho voluntário, tudo bem, pois parte de você a atitude nobre de devolver um pouco das graças que recebe.

*****

É um caminho longo, mas agora somos colegas e podemos dizer que "nos encontramos no caminho". Uma vez, um certo palestrante fechou sua participação gritando "nos encontramos no topo", e o público e eu, entusiasmados, aplaudimos, mas voltei para casa pensando "depois de nos encontrarmos no topo, o caminho é só para baixo". Por esse motivo, prefiro me encontrar com as pessoas no caminho, pois, se vamos para o mesmo lado, por que não desfrutarmos juntos da trajetória, mutuamente nos ajudando a chegar ao topo?

NOS ENCONTRAMOS NO CAMINHO!

REFERÊNCIAS BIBLIOGRÁFICAS

ABREU, A. S. *A arte de argumentar: Gerenciando razão e emoção*. São Paulo: Ateliê, 2001.

D'EL REY, G. J. F.; PACINI, C. A. "Medo de falar em público em uma mostra da população: Prevalência, impacto no funcionamento pessoal e tratamento". *Psicologia: Teoria e Pesquisa*, 21 (2): 237-242, maio-ago. 2005 (São Paulo).

"Medo de falar em público é maior que o de morrer". *RD Comunicação*, Joaçaba, 18 jul. 2018. Disponível em: https://www.raizesdiario.com.br/2018/07/18/medo-de-falar-em-publico-e-maior-que-o-de-morrer/. Acesso em: 01 set. 2021.

MEHRABIAN, A. *Silent messages*. California: Wadsworth, 1971.

MIRANDA, H.; D. ANGIOLILLO, G.; ESTEVES, M. L.; MAGALHÃES, J. "Medo de falar em público: Estudo piloto da glossofobia em contexto de alunos universitários". *Revista INFAD de Psicología: International Journal of Developmental and Educational Psychology*, 1 (1): 263-272, 2020 (Espanha).

NEVES, F. "Vícios de linguagem". *Norma culta*. Disponível em: https://www.normaculta.com.br/vicios-de-linguagem/. Acesso em: 25 ago. 2019.

PEASE, A.; PEASE, B. *Desvendando os segredos da linguagem corporal*. São Paulo: Sextante, 2004.

PERELMAN, C.; OLBRECHTS-TYTECA, L. *Tratado da argumentação: A nova retórica*. São Paulo: Martins Fontes, 1999.

POLLITO, R. *Super dicas para falar bem em conversas e apresentações*. São Paulo: Saraiva, 2005.

RAMIREZ, C. A. G. *Bullying: Eu sobrevivi!*. São Paulo: Ideias & Letras, 2011.

_______. *Que imagem você quer ter?*. São Paulo: Ideias & Letras, 2004.

SENAC, D. N.; BRITO, N. M. F.; HARGEAVES, L.; BARRACA, R. *Boas falas*. Rio de Janeiro: Editora Senac, 1999.

WEIL, P.; TOMPAKOW, R. *O corpo fala: A linguagem silenciosa da comunicação não verbal*. São Paulo: Vozes, 2004.

SOBRE O AUTOR

Claudio Alejandro Garate Ramirez, ou apenas professor Claudião, ou Ramirez, como é chamado pelos alunos, nasceu no Chile e chegou ao Brasil em 1976. Hoje, brasileiro naturalizado por opção, é pós-graduado em Recursos Humanos pela Fecap e cursou a Universidade Metodista de Piracicaba, com licenciatura plena em Educação Física. Atualmente é graduado em Letras e tem diploma de espanhol como língua estrangeira pela Universidade de Salamanca, além de um curso de PNL (programação neurolinguística), bem como outros diversos cursos na área de educação.

É professor de gerenciamento e liderança, de relações interpessoais, de como falar em público e de jogos empresariais. Também ministra palestras e cursos de desenvolvimento e motivação pessoal, liderança, formação de times, atendimento ao cliente e comunicação.

Lecionou em diversas faculdades e, nos últimos seis anos, ministrou cursos sobre como falar em público, sobre desinibição ao falar e sobre atendimento ao cliente no Senac.

Com transtorno de fluência da fala (gagueira) adquirida na infância, o professor Ramirez começou instintivamente a analisar as diversas reações das pessoas perante sua dificuldade de comunicação e, consequentemente, de se sociabilizar. Ouvindo mais do que falando, devido ao medo de gaguejar, inclinou-se ao estudo do comportamento humano para superar suas dificuldades.

Possuidor de um conhecimento relevante, de bom humor e de uma didática altamente atraente e motivadora, ele relata suas experiências e o modo como conseguiu superá-las, e, por meio de seu testemunho e experiência de vida pessoal e profissional, tem ajudado pessoas e empresas de forma clara e direta a enfrentar seus desafios de forma mais assertiva e coerente. Tem, além de tudo, uma visão inovadora sobre as relações e comportamentos nas sociedades e corporações que constroem o futuro.

"Acredito que a motivação tem papel fundamental na vida pessoal e profissional. Motivar e dar oportunidades de desenvolvimento são as chaves do sucesso."

Ramirez Motiva

Desenvolvimento Pessoal

Esta obra foi composta em CTcP
Capa: Supremo 250g – Miolo: Book Ivory Slim 65g
Impressão e acabamento
Gráfica e Editora Santuário